古代部分
八十九

赵之谦绘

花卉

荣宝斋画谱

荣宝斋出版社 北京

前言

传统的中国绘画以其独特的艺术语言，记录了中华民族每一个历史时代的面貌，反映和凝聚了我们民族的审美意识和传统思想。她以东方艺术特色立于世界艺林，汇为全世界人文宝库的财富。我们当代人得以继承享用这样一笔珍贵的文化遗产是有幸并足以引为自豪的。面对这样一笔巨大的财富，把其中优秀的部分继承下来『古为今用』并加以弘扬光大，这同时也是当代人的责任。继承什么，怎样弘扬传统绘画遗产，这是一个不容选择的命题。回答这个命题的艺术实践是具体的，其意义是现实和延伸的。在具体的绘画艺术实践中，我们不必就这个题目为个别的绘画教条所规范楷模，每一个画家都有自己对传统的认识和理解，都有着自己的感情并各取所需。继承和弘扬优秀文化遗产的理论和愿望都体现在当代人所创造的绘画艺术之中。

中国绘画有其发展的过程和依存的条件，有其不断成熟完善和自律的范畴，明显地区别于其他画种。她以线为主，骨法用笔，重审美程式造型；对物象固有色彩主观理想的表现；客观世界和主观心理合成的『高远、深远、平远』『散点透视』的营构方式；『师造化』『以形写神，神形兼备』的现实主义艺术理想；工笔、写意的审美分野；绘画与文学联姻，诗书画印一体对意境的再造；直写『胸中逸气』的文人笔墨；各持标准的门户宗派，多民族的艺术风范与意趣；以及几千年占统治地位的封建士大夫思想文化的大背景，等等。从而构成了传统中国画的形式和内容特征。一个具有数千年文明传统的民族所发展和创造的文化，在创造新时代的绘画艺术中，不可能割断自己的血脉，摒弃曾经千锤百炼、人民喜闻乐见的美的形式和传统精神，这些特质都有待我们今天继续研究和借鉴。『数典忘祖』『抱残守缺』或『陈陈相因』都不益于繁荣绘画艺术和建设改革开放时代的新文明。

对传统文化的热爱和了解，是继承和弘扬优秀文化遗产的前提。热爱和了解传统绘画艺术的人民大众是传统绘画艺术生生不息的土壤。在中国绘画发展的历史上，没有任何一个时代像今天这样拥有众多的画家和爱好者。大家以自己热爱的传统绘画陶冶情怀，讴歌时代，创造美以装点我们多姿多彩的生活。为此服务并做出努力是出版工作者的责任。就传统中国绘画的研习方法而言，历代无论院体或民间，师授或是私淑，都十分重视临摹。即便是今天，积极地去临摹习仿古代优秀作品，仍不失为由表及里了解和掌握中国画技法特质，体悟中国画精神品格的有效方法之一，通俗的范本也因此仍然显得重要。我们将继承弘扬民族文化的社会命题落在出版社工作实处，继《荣宝斋画谱·现代部分》百余册出版之后，现又开始编辑出版《荣宝斋画谱·古代部分》大型普及类丛书。

丛书以中国古代绘画史为基本线索，围绕传统绘画的内容题材和形式体裁两方面分别立册；以编辑典型画家的风格化作品和名作为主，注重技法特征，艺术格调和范本效果；从宏观把握丛书整体体例结构并丰富其内容；对当代人喜闻乐见的画家，题材和具有审美生命力的形式体裁增加立册数量；由具有丰富教学经验的画家，美术理论家撰文做必要的导读；按范本宗旨酌情附相应的文字内容，以缩小读者与范本的距离。有关古代作品的传绪断代，真伪优劣，这是编辑这部丛书难免遇到的突出的学术问题，我们基于范本目的，一般沿用著录成说。在此谨就丛书的编辑工作简要说明，并衷心希望继续得到广大读者的关心和帮助。我们希望为更多的人创造条件去了解传统中国绘画艺术，使《荣宝斋画谱·古代部分》再能成为滋养民族绘画艺术的土壤，为光大传统精神，创造人民需要且具有时代美感的中国画起到她的作用。

荣宝斋出版社　一九九五年十月

赵之谦简介

赵之谦(一八二九—一八八四)，字益甫，又字撝叔，号铁三、冷君、子欠、次寮、憨寮、悲盦、思悲翁、无闷、婆娑世界凡夫、支字头陀、笑道人等，自署二金蝶堂、苦谦室、悔读斋。浙江绍兴人。咸丰己未举人。后三上京城，四试礼部不第。官江西鄱阳、奉新、南城知县。光绪十年十月初一因旧疾肺气肿哮喘病发，卒于南城官舍，时年五十六岁。

赵之谦为清末著名书画篆刻艺术大家，天分极高，且自负。艺术生涯中，篆刻最著，作品合浙皖两派为一，融古开今，成为一代宗师。绘画则开海派之先河，虽然他未在上海居住过，却对上海画界产生重大影响，被奉为海派代表画家之一，书法则更是真、行、篆、隶，无所不能，无一不精。初学颜真卿，后受包世臣影响，三十五岁起专攻北碑，以北碑笔法写行书，影响海内外至今。篆隶师法邓石如而能自成家。另长于诗文韵语，题画刻款皆成佳句。多才多艺，堪称中国书画篆刻史上的全能冠军。

著有《章安杂说》《补寰宇访碑录》《六朝别字记》《国朝汉学师承续记》《勇庐闲诘》，主编《光绪江西通志》等。传世有《二金蝶堂印谱》《悲盦居士诗剩》《悲盦居士文存》等。

目录

落落数点谁与亲　何可一日无此君

——赵㧑叔书、画、印合一之艺术撷遗

张啸东

在清末的艺坛上，随着『小学』的复兴，出现了一批书、画、印三者融汇呼应，相互浸染，遂使这三者范围内，都出现使人为之耳目一新的艺术新宠，这其中之一就是众所周知的赵之谦。与有些独擅其中一二者相较，赵氏的确是独擅三绝。

赵氏初字益甫，后改字㧑叔，号铁三、憨寮、冷君，又号悲盦、无闷、梅庵等，浙江会稽人。所居曾曰『二金蝶堂』『苦兼室』。做过江西鄱阳、奉新知县，时间都不是太长。他早年即工诗文，擅书法。初学颜真卿篆、隶，师法当时书法新式人物——邓石如，后自成一格，奇崛雄强，别出时俗。以所谓碑学审美情趣融入绘画，花卉则学于石涛，而有所变化，可称清末『海派绘画』写意花卉之开山。其篆刻初学浙派，继而深入寻法于出土或传世的战国、秦玺汉印，复参宋、元及皖派，间或取法当时能见到的秦诏、汉镜、泉币、金石铭文和碑版文字等入印，使其书其印比之同时期的书家、印人更多古意，时人遂赞其『一扫旧习，所作苍秀雄浑，青年时代即以才华横溢而名满海内』，是看到了他艺术的新面，却少涉『新』的来源。他在书法方面的造诣是多方面的，从『文字学』或曰『小学』的角度，使真、草、隶、篆的笔法融为一体，是他要有别于世人最有效的手段之一，虽然这一方法的创始权并不属于他。赵氏曾说过，『独立者贵，天地极大，多人说总尽，独立难索难求』。他一生在诗、书、画、印上投入巨大的时间成本，方法找准了，加上悟性，还有不懈的努力，使他终于成为中国艺术史上的一个重镇。虽然时值当下，仍时有人对其艺术发出微词，但他对待艺术的方法和悟性，保证了其艺术独特性与不可替代性。

在他赴京之后，与沈均初、胡甘伯、魏稼孙等相聚，皆癖嗜金石，其时他正着手重编《补寰宇访碑录》，大量搜罗古刻，尤其是得《郑文公碑》，最为之心仪。三十五岁前后年余时间，每日流连往返于琉璃厂，奇赏疑析，晨夕无间。赵氏逐步地完全放弃了颜体书而转向了北魏书法。关于书法上的追求，赵氏在《与梦醒书》中，对自己的各体书法作出了这样的自评：『余书仅能作正书，篆则多率，隶则多懈，草本不擅长，行书亦未学过。仅能稿书而已。然平生因学篆而能隶，学隶始能为正书。』许多鉴赏者以为这段话，除了『隐约表示了自己于书法擅长篆、隶、楷之外，对于行、草书则有些自谦』。不懂文字发展史，且只知为捧人臭脚的人哪里了解，其一，赵氏说『然平生因学篆而能隶，学隶始能为正书』，其习书之路，是以『小学』的方法入手，一改元、明、清以来以『颜、柳、欧、赵』等楷书入门的沿袭。其二，『稿书』也是一个被许多人误解作谦辞的原因，唐代以来的书论，这一习语往往被人用作发源于两汉、魏晋『行书』别称。我想赵氏以此界定自己的作品，其中一层意思是自己的行书确乎是没有承袭所谓魏晋以后诸如『二王』等专门的书家，乃由自己的篆书、隶书实践延展而来。然于所谓『碑学』的时代，脱乎帖学的壁垒，独辟出『二王』以外的蹊径，岂不大哉。难怪后人有将其行书作品称作『魏体行书』者，其用语虽不文，此亦可足见赵氏自视之高。

赵于篆书，或因其学篆刻。但也正因此故，前者又返过来影响到了他的篆刻。最初源自邓石如、吴让之，其次受友人胡澍影响。当时的篆刻，皆以小篆入印。赵之谦亦局限于此，而只擅长小篆。籀文作品却极少见。赵氏在五十四岁为弟子钱式临《峄山碑》册所写的题跋曾道：『峄山刻石北魏时已佚，今所传郑文宝刻本拙恶甚。昔人陋为钞史记，非过也。我朝篆书以邓顽伯为第一，顽伯后近人惟扬州吴熙载及吾友绩溪胡荄甫。熙载已老，荄甫陷杭城，生死不可知。荄甫尚在，吾不敢作篆书。今荄甫不知何往矣。钱生次行索篆法，不可不以所知示之，即用邓法书绎山文，比于文宝钞史或少胜耳。』这其中透出种种信息，其中根本性的则是师法邓石如。而据说赵氏的印学，在三十岁前习浙派，之后继学皖派，习小篆入印的同时，并开始涉猎战国、秦汉玺印，广开取资领域，涉猎权量诏版、泉币镜铭、瓦当石碣、汉传封泥等，时人多认为其『凡能为其篆刻服务的无不广为吸收，为己所用』。吴昌硕在题《悲盦印存》中曰，『悲盦先生书不读秦汉以下，且深通古籀，而瓦甓文字烂熟胸中，故其凿印奇肆跌宕，浙派为之一变可宝也』，可

见时人对他印学成就的认可。在边款的刻制上，他开创了以北魏书体刻朱文款识，以汉画像人款的新风。实现了他『为六百年来摹印家立一门户』的抱负。他的崭新的艺术实践，是切实的影响和启迪了近代的吴昌硕、齐白石等画家。

清代花卉画的发展与其时所大兴的『碑学』书法关系重大。清乾嘉以来，由于『金石学』——或曰『小学』与所谓『碑学』的勃兴，使以『金石』入画者逐日渐增，其中著名者，诸如高凤翰（一六八三—一七四九）、金农（一六八七—一七六三）、吴让之（一七九九—一八七〇）等，均为赵氏之前，当时一时之翘楚。但如以印入画的成就而言，当以赵㧑叔为最。关于赵氏在绘画上的成就，潘天寿在其《中国绘画史》中这样评价：『会稽㧑叔赵之谦，以金石书画之趣作花卉，宏肆古丽，开前海派之先河，已属特起，一时学者宗之。至是，南田派亦少人过问矣。』由于其崭新，高超的艺术成就，以上海为中心的艺术家们，特别是蒲华、吴昌硕等新一代受赵之谦影响，逐渐形成了崭新的流派——海派绘画。

据统计，在赵氏绘画作品的题跋中，他曾经取法的画家计有：吴镇、李鱓、张彦、马元驭、恽寿平、张敔、王武、蒋廷锡、陈洪绶、寄尘、李方膺、徐渭、邹一桂、周之冕、陆治、石涛、边寿民、王蒙、钱载、王宸、沈襄等等。这其中，提及最多的当是李鱓，其次是恽寿平、徐渭等。据现有的文献，赵氏在大约同治元年（三十四岁）时为又溪作行书四屏，其中一屏录十岁时的诗句，自述称此作十岁题指画《松月生凉图》句也。」似据此可知赵在少时便用功于绘画。而从他传世画作观，他曾对恽南田的没骨画法用功极深。他的勾线，设色及写生造型能力都非常好，评者称其『青年时习恽寿平画法』。清代初期的花鸟画创作，以恽南田为代表，研求没骨法，上追北宋徐崇嗣画风，设色典雅明丽，开一代新画风。一时形成『南田派』。『扬州八怪』继出，一洗南田派文雅纤弱风气，以粗笔写意法作画，画面追求气势恢宏，一改时习。『八怪』们多以学习徐青藤、陈白阳以及八大山人为尚，并以书法入画法，追求绘画的书写效果，重其神而轻其形，一时间广为流行。『扬州八怪』之后，写意画也趋颓势。至道光年间，画界相当沉寂。

赵㧑叔正是在这个时期出生的。但赵氏更长于分析，综合。他多把恽南田的没骨画法，与『扬州八怪』的写意画法相结合。特别是汲取李复堂（鱓）小写意的手法，以『南田』设色出之。将清代两大花鸟画流派合而为一，创造出属于他个人的风格。由于他书法功力深厚，线条把握精到，以其富有金石气的笔法勾勒，粗放厚重而妙趣横生。运用各种字体题款，长于诗文韵语，这也是他高出其他清末画家，成为绘画大家的一个重要因素。他是文人画重要原则——诗，书，画，印有机相结合的重要典范。

综观赵氏的传世画作，最令人赞叹的就是他的绘画题材，多画前人所未入画者。赵氏三十三岁时，为避战乱而客居温州一带，在那儿见到了新奇的花卉和海产品，他将所见一一写入画中，从而大大开拓了绘画的题材。他的《异鱼图》《瓯中物产图卷》《瓯中草木图四屏》，等等，成了中国绘画史上不朽的杰作。事实上，赵㧑叔的影响不只限于海上，如当时长期居于北京的齐白石，陈师曾等北派画坛一代宗工们也一样受过他的影响。

二〇一四年三月九日书于燕市亚运村涛斋画舍

《花卉蔬果册》十二开之一

天下奇植誰能識嘗徧酸甜
乃體
撝

菘菜色亦白
菘菜根坐可
齒何不食肉
糜鼓兒肚
已飽

諼不老
忘憂好

非時花開
何益我亦道
人殷七七

《花卉蔬果册》十二开之五

脩竹能彈甘蕉
自完可悟萬難

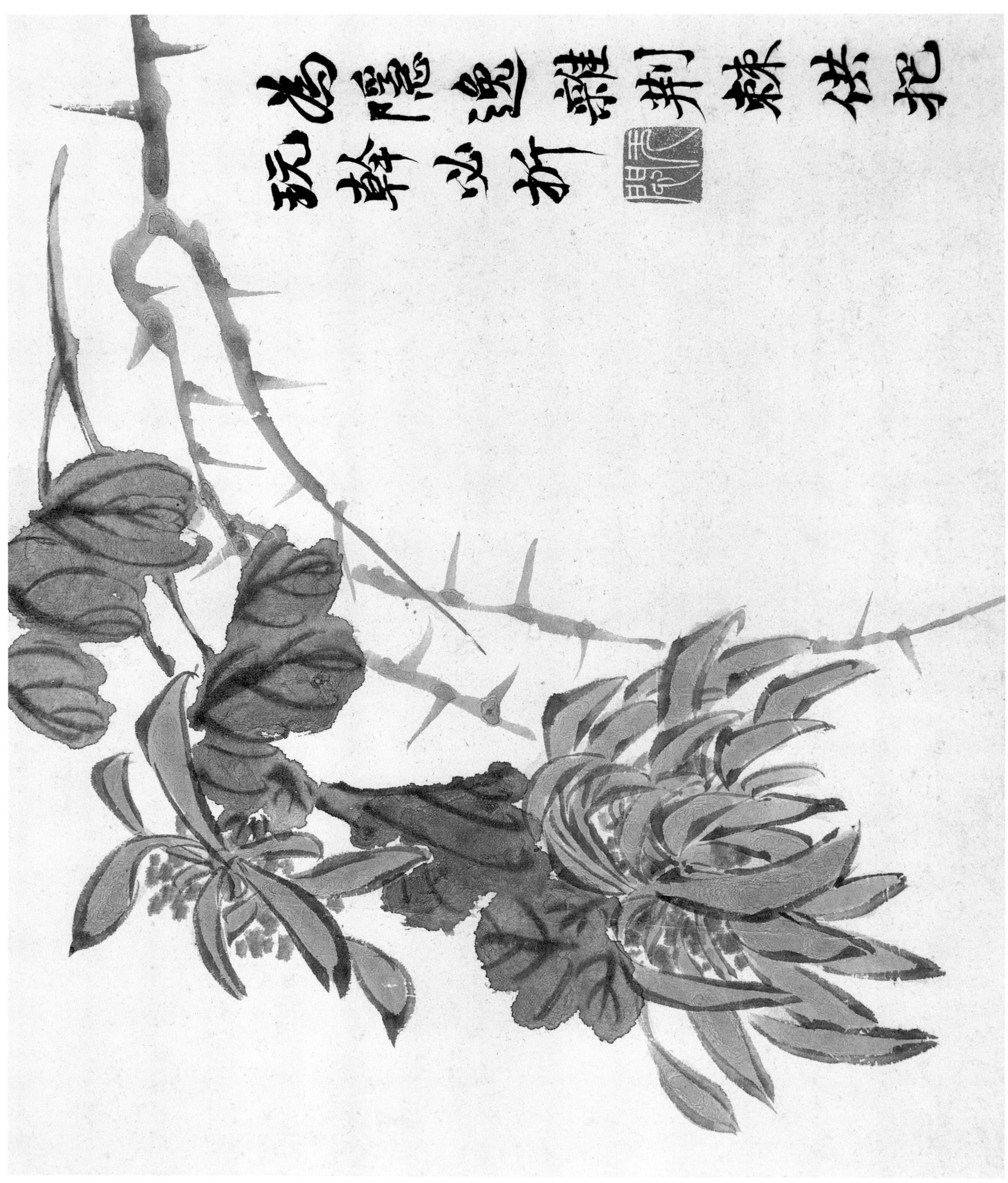

居士何處坐斷
老和尚舌所持青
蓮花莫問雙
荷葉
悲盦

花爛漫藤
勿軒

粗枝大葉拒霜腕力

萊菔能消薯蕷補，以之果腹皆有取。鄉民向我偏自夸，老死惟知台地瓜。

閩人乏終身不穀，台地地瓜山蕷，俗呼番茹。

《花卉蔬果册》十二开之十一

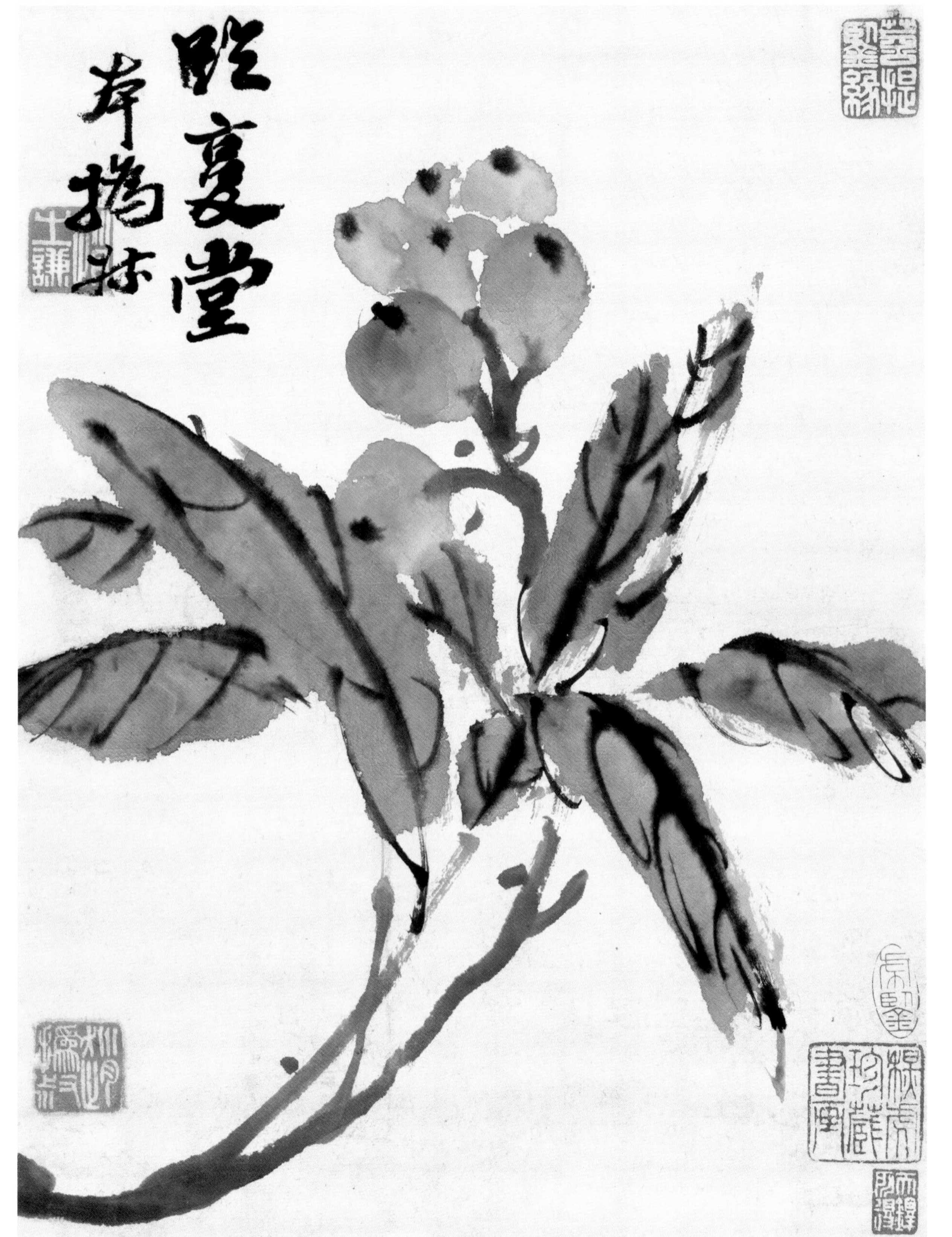

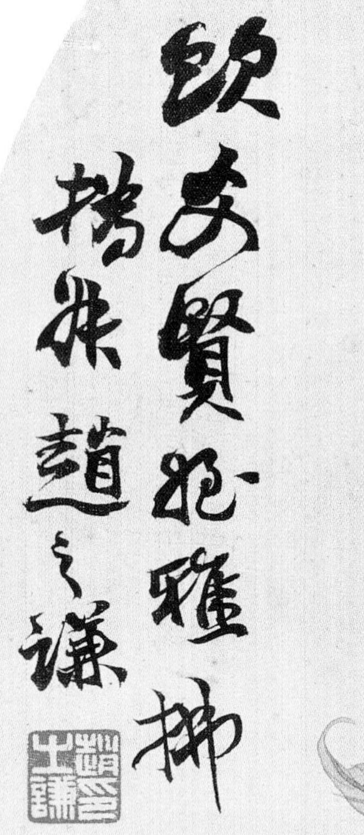

罂粟图扇

瓒公仁弟太守清賞
同治乙巳八月之謙作此略
似南宋人派別非周陸兩家法也

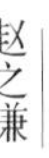

桃花图扇

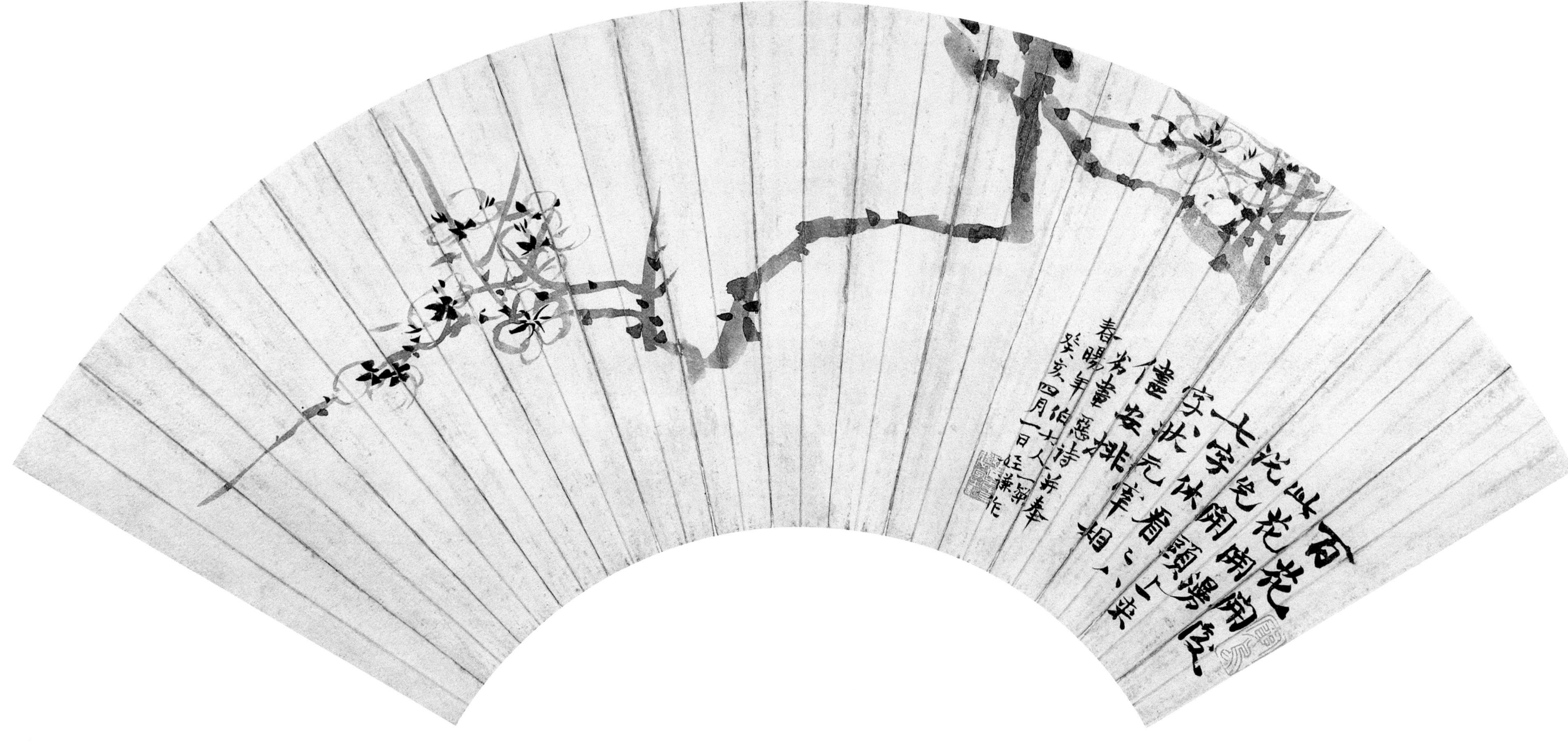

墨梅图扇

荷花　荷花（局部）

大吉羊　大吉羊（局部）

大吉羊（局部）

牡丹（局部）

同治己巳
三月為
超伯尊兄
大人屬畫
撝叔弟
趙之謙

丁香（局部）

一品九命
学李复堂笔撝尗

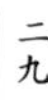

南田翁叢鞠圖凡十餘種變化超妙是能規仿偶摘數枝收其大概冥心索志形穢甚慚也　撝叔倣

菰有理
只依樣
丁叔卿贈
予徐渭長
畫葫蘆
戲作此并
題
撝叔

落〻數點誰與親何可一日無此君
趙之謙

紅水仙始見花史云
唐玄宗賜虢國夫人
藍天竹今江南人家
多有之又以朱芝伴以
雲壁當年金玉
七寶作盆應
不逮此耳
撝叔記

朝霞紅軒照殿薰風更作無憂扇
撝叔

倣張雪鴻
撝叔

桃花依舊
笑春風
曾見馬扶羲畫
此逸趣横生庶哉
南田嫡嗣己未四月
撝叔并識

元人錦石秋華卷子
悟得一角 撝叔

馬鞭
馬纓花
寶珠茉利
珍珠蓮
風癡艸
百子蓮
魟魚
金蓮寶相
紅藍

图书在版编目（CIP）数据

荣宝斋画谱．古代部分．89，赵之谦绘花卉 /（清）赵之谦绘．—— 北京 ：荣宝斋出版社，2022.12

ISBN 978-7-5003-2494-2

Ⅰ．①荣… Ⅱ．①赵… Ⅲ．①花卉画－作品集－中国－清代 Ⅳ．① J212

中国版本图书馆 CIP 数据核字 (2022) 第 194227 号

编　　者：孙虎城
责任编辑：王　勇
　　　　　李晓坤
责任校对：王桂荷
责任印制：王丽清
　　　　　毕景滨

RONGBAOZHAI HUAPU GUDAI BUFEN 89 ZHAO ZHIQIAN HUI HUAHUI

荣宝斋画谱　古代部分　89　赵之谦绘花卉

绘　　　　者：赵之谦（清）
编辑出版发行：荣寶齋出版社
地　　　　址：北京市西城区琉璃厂西街19号
邮 政 编 码：100052
制 版 印 刷：北京荣宝艺品印刷有限公司

开本：787 毫米 ×1092 毫米　1/8　　印张：6
版次：2022 年 12 月第 1 版　　印次：2022 年 12 月第 1 次印刷
印数：0001-3000　　定价：48.00 元